Lese-
stufe

Martin Klein und Claudia Ondracek

Erstlesegeschichten vom Fußballplatz

Mit Bildern von Kerstin Meyer und Leopé

Ravensburger Buchverlag

Bibliografische Information der Deutschen Nationalbibliothek:

Die Deutsche Nationalbibliothek verzeichnet diese Publikation
in der Deutschen Nationalbibliografie.
Detaillierte bibliografische Daten sind im Internet
über http://dnb.d-nb.de abrufbar.

1 2 3 4 5   E D C B A

Ravensburger Leserabe
Diese Ausgabe enthält die Bände
„Fußballgeschichten" von Martin Klein mit Illustrationen von Kerstin Meyer,
„Die Bolzplatz-Bande" und „Die Bolzplatz-Bande lässt nicht locker"
von Claudia Ondracek mit Illustrationen von Leopé,
© 2006, 2010 Ravensburger Buchverlag Otto Maier GmbH

© 2019 Ravensburger Buchverlag Otto Maier GmbH
Postfach 18 60, 88188 Ravensburg
für die vorliegende Ausgabe

Umschlagbild: Sandra Reckers
Konzeption Leserätsel: Dr. Brigitta Redding-Korn
Design Leserätsel: Sabine Reddig

Printed in Germany
ISBN 978-3-473-36121-2
(für die Ausgabe im Ravensburger Buchverlag)

www.ravensburger.de
www.leserabe.de

Inhalt

Für Finn und Michael Wildenhain

„Vom Feeling her hatte ich ein gutes Gefühl."
Andreas Möller

Martin Klein

Fußballgeschichten

Mit Bildern von Kerstin Meyer

Emil, die Ente

Emil kam mit krummen Beinen
auf die Welt.
Das sah komisch aus.
Seine Mama lachte.
Emil lachte zurück.

Als Emil laufen lernte,
lachten alle noch mehr.
Emil schaukelte beim Gehen
wie eine Ente.

„Mein süßes Küken",
sagte Mama.

„Quak, quak!",
riefen die anderen Kinder.

Emil zeigte ihnen einen Vogel.
Er wusste genau:
Krumme Beine
sind etwas Besonderes.

Auf dem Eis rutschte er nie aus.

Er konnte am besten Bockspringen
und Ponyreiten.

Vor allem aber konnte er
wunderbar Fußball spielen.
In der Schule freute Emil sich
auf die Pausen.

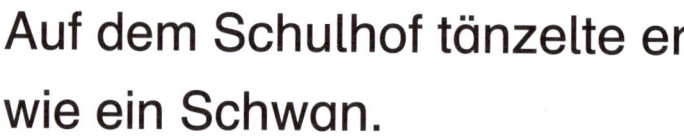

Auf dem Schulhof tänzelte er
wie ein Schwan.
Der Ball war seine Primaballerina.

Er trickste wie ein Jongleur.
Er watschelte und zauberte
den Ball ins Tor.

Nach der Schule sollte Emil
einen Beruf lernen.
Eisverkäufer, Ponyzüchter
oder Turnlehrer.

Aber Emil wurde Fußballstar.
Er spielte in der Bundesliga.
Die Zuschauer liebten ihn.

Emils Tore waren die schönsten
und die lustigsten.
Die Fans nannten ihn Ente Emil.

16

Das ist lange her.

Jetzt ist Emil ein älterer Herr.

Heute geht er in den Park

zum Ententeich.

Er liest Zeitung und denkt an früher.

Er bekommt Lust zu spielen.

Aber heute ist ein trüber Tag.

Im Park ist niemand zu sehen.

Paula und der Fußballprinz

Paula ist Fußballerin.

Die beste weit und breit.

Nun macht sie Babypause.

Mama Paula wiegt

ihren Kleinen hin und her.

18

Er ist ihr Prinz.
Der künftige Fußballkönig.
Der Weltmeister von 2030.

Prinz kann noch nicht laufen.
Er robbt über den Rasen
und beißt in den Ball.

Heute schreit Prinz.
Nichts kann ihn beruhigen.

Die Bälle nicht.

Der Schnuller nicht.

Die Eckfähnchen auch nicht.

Nicht einmal die Kuschelkarten helfen.

20

Da hilft nur eins: frische Parkluft.

Es ist ein trüber Tag.

Aber Fußballer kennen

kein schlechtes Wetter.

Paula schiebt den Kinderwagen.
Flanke von links, Kopfball,
Tor!, denkt Paula.

Der Kinderwagen schwankt.
„Alleingang, Finte,
Tor!!", schreit Paula.

Der Kinderwagen schlägt einen Haken.

Erschrocken beugt Paula sich vor.

Dann atmet sie auf.

Ihr Prinz schläft tief und fest.

Paula hat Lust,
endlich wieder zu spielen.
Nur ein kleines Spielchen …
Leider ist im Park niemand zu sehen.

Doch am Ententeich trifft Paula
einen älteren Herrn.

24

Er hat krumme Beine.
Mit den Füßen jongliert er
einen seltsamen Ball.
„Da mache ich mit", denkt Paula.
Bald fliegt der Ball hin und her
wie beim Pingpong.

Feno Meno

Feno Meno ist sehr nett
und er ist unsichtbar.
Er ist nämlich ein Geist.

Feno Meno ist kein Gespenst.
Gespenster gibt es nicht.
Das ist so klar wie zehn zu null.

Aber jeder kann spüren,
wenn Feno Meno in der Nähe ist.
Nur allein geht das nicht.
Man muss mindestens zu zweit sein.
Feno Meno ist nämlich
ein Mannschaftsgeist.

27

Es gibt viele solcher Geister.
Genauso viele,
wie es Mannschaften gibt.

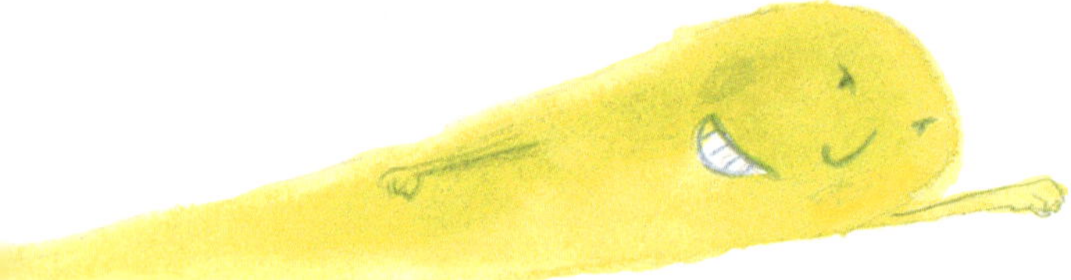

Es gibt große und kleine,
dicke und dünne,
schwache und starke,
laute und leise.

Manchmal verliert
eine Mannschaft
ihren Geist.

Das ist Feno Meno passiert.
Die Spieler haben ihn
eines Tages einfach vergessen.

Er schwebte noch lange
um die Tore herum.
Aber das Spielfeld war längst leer.

Seitdem ist Feno Meno allein.
Das ist für einen Mannschaftsgeist
natürlich schlimm.

Feno Meno streift herum.
Er sucht eine neue Mannschaft.
Er schwebt durch den Park.
Nicht viel los heute.

Nur am Ententeich tut sich was.
Ein älterer Herr und eine junge Frau
spielen Fußball.

Der Ball ist eine zerknüllte Zeitung.
Ein Baby im Kinderwagen
feuert die beiden an.

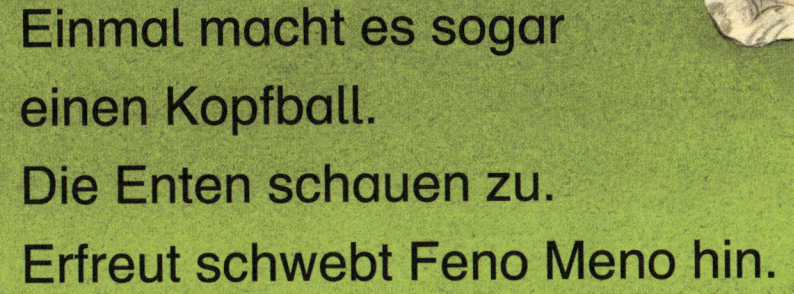

Einmal macht es sogar
einen Kopfball.
Die Enten schauen zu.
Erfreut schwebt Feno Meno hin.

Fußball im Park

Heute ist ein trüber Tag.

Finns Freunde wollen nicht raus.

Aber Finn hat einen neuen Ball.

Er will unbedingt
Weitschüsse probieren.
Finn geht in den Park.

WAMMM!
Ein Schuss wie
aus einem Kanonenrohr!

Leider genau in einen Strauch
voller Dornen.
PFFFFFT.

Der neue Ball ist nur noch
ein schlapper Klumpen.
Finn bekommt sehr schlechte Laune.

Wütend kickt er
den Klumpen vor sich her.
„Ich versenke ihn im Ententeich",
grummelt er.
„Das hat das blöde Ding verdient!"

Am Teich trifft Finn einen Mann,
eine Frau und ein Baby.
Sie spielen Fußball
mit einem Tannenzapfen.

Finn schaut zu.

Seine Laune bessert sich.

Er spürt Mannschaftsgeist.

„Willst du mitspielen?",
fragt die Frau. Finn nickt.
„Wir sind Emil, Paula
und Prinz.
Und wer bist du?"
„Finn."

„Achtung, Finn!", ruft der Mann.
Er kickt den Zapfen herüber.
„Zwei gegen zwei!",
ruft die Frau.
„Prinz und ich
gegen Emil und dich!"

Los geht's! Finn läuft sich frei.
Emil dribbelt wie eine Ente.
Baby Prinz steht im Tor.

41

Pass und Schuss!

Der Zapfen fliegt auseinander.

Prinz kräht vergnügt.

Die Kicker spielen

mit einer Dose weiter.

Dann nehmen sie
die Wolle für Babys neue Mütze.
Bald ist alles voller Fäden.

„Pause!", keucht Emil.
Die Fußballer setzen sich
auf eine Bank.

Claudia Ondracek

Die Bolzplatz-Bande

Mit Bildern von Leopé

Von wegen Taktik!

Endlich Pause!
Die „Turbo 5" stürmen
in den Schulhof.

Die Turbo 5 sind:

Maya

Max

Leon

Juri

Lea

Sie kicken sofort los:

mit einem Tennisball!

Mit einem Fußball kann das ja jeder!

Nur ins Tor will keiner.

Die fünf lassen lieber

den Ball tanzen.

Jeder spielt gegen jeden.

Maya schlägt einen Haken um Max
und schießt …

Der Ball prallt neben dem Tor ab.
„Daneben", ruft Juri und grinst.
„Der Schuss war aber gut",
sagt jemand.

Alle drehen sich um.

Das ist Jan, der Neue in der Klasse.

„Hier, euer Ball", meint er zögernd.

„Spiel doch mit", ruft Maya ihm zu.

„Wir kämpfen Mann gegen Mann."

Jan luchst Max sofort den Ball ab.
Er täuscht nach rechts an
und zieht links an Lea und Maya vorbei.
Schon hat er freie Bahn
und knallt den Ball ins Tor.

„Du hast es aber drauf", schnauft Maya.
Da hat Jan den Ball schon wieder.

Leon und Maya kleben ihm
an den Fersen.
Im Lauf legt er sich den Ball
zum Schuss vor – und trifft!

„Zwei Alleingänge reichen", mault Leon.
„Lass uns auch noch mitspielen!"

„Tja, Profis hängen euch Bolzplatz-Spieler
eben leicht ab", schallt es vom Rand.
Da stehen Jakob und Tim.
Die spielen im Fußballklub Friedenau.

„Deine Technik ist echt gut",
sagt Jakob zu Jan.
„Setz die doch lieber
bei richtigen Fußballern ein!"

„Technik kann jeder lernen!",
meint Jan.

„Wir brauchen aber keinen Trainer",
zischt Leon. „Wir wollen nur kicken!"
„Und wenn dir das nicht reicht",
fügt Maya hinzu,
„dann spiel bei den Lackaffen da mit!"

Die Fußballer lachen laut auf
und ziehen Jan mit sich fort.

Rache stinkt!

Schweigend sitzt die Bolzplatz-Bande
am Nachmittag in ihrem Versteck:
hinter dem Ziegenstall im Tierpark.
Den Tierpark leitet Leas Vater.

Hier sind die fünf immer ungestört.
Und ungestört müssen sie sein,
wenn sie Pläne schmieden –
Rachepläne!

„Diese Lackaffen in Fußballschuhen",
schimpft Maya wütend und wirft
einen Stein in die Pfütze.
Platsch – die Wand des Stalls ist
über und über mit Schlamm bespritzt.

„Ich hab's!", ruft Lea da.
„Wir verteilen Ziegenkötel
auf dem Fußballplatz!
Wie wohl braun gefleckte Fußballer
aussehen?"

„Super Idee!", rufen die anderen
und sammeln Tüten voller Ziegenkötel.

Am späten Nachmittag
schleichen die fünf zum Fußballplatz.

Kichernd werfen sie die Kötel
kreuz und quer über den Rasen.

Doch am Ausgang
versperren ihnen Jakob, Tim
und drei weitere Fußballer den Weg.
„Was habt ihr auf dem Platz verteilt?",
zischt Jakob und reißt
Maya die Tüte aus der Hand.

„Igitt!", ruft Jakob
und hält sich die Nase zu.

„Sammelt das sofort wieder auf",
sagt Tim drohend.
„Wir wollen morgen hier spielen!"

„Dann spielt doch!", erwidert Leon.
„Oder fallt ihr Profis so oft hin,
dass ihr Angst habt,
euch dreckig zu machen?"
„Mit Fußballschuhen rutscht keiner aus",
meint Jakob scharf. „Ohne aber schon!"

Dann guckt er in die Runde.
„Mal sehen, wer sich dreckig macht:
Wir fünf spielen morgen Nachmittag –
und zwar gegen euch.
Wer verliert, muss den Platz säubern!"
Die Turbo 5 nicken.

Die Turbo 6

Als die Turbo 5
zum Fußballplatz kommen,
sind die Fußballer schon da.
Sie machen sich warm …

„Jetzt fegen wir euch vom Platz",
rufen die Fußballer.

„Angeber", zischt Maya
und zieht ihre Turnschuhe an.
„Euch zeigen wir's!"

65

„Ihr fangt an", sagt Jakob und legt
den Ball auf den Anstoßpunkt.

Lea passt den Ball zu Max.
Der stürmt los und zielt …

Doch der Torwart hält den Ball.

Die Fußballer starten einen Gegenangriff
und lassen den Ball sicher
von Mann zu Mann laufen.

Als Leon versucht,
den Ball zu kriegen,
rutscht er ins Leere.
„Mist", flucht er und wischt sich
einen Ziegenkötel vom T-Shirt.

Da schießt Jakob
wie ein Pfeil aufs Tor zu …

… und knallt den Ball
an Juri vorbei ins Netz.
„1:0", jubeln die Fußballer.

Die Turbo 5 kämpfen verbissen.
Aber die Schüsse von Torjäger Jakob
kann Juri einfach nicht halten.

So steht es zur Halbzeit 1:4.

Die Turbo 5 lassen sich ins Gras fallen.

„Gebt ihr etwa schon auf?",

fragen die Fußballer grinsend.

„Siege soll man nie zu früh feiern",

sagt da plötzlich jemand.

Es ist Jan.

„Was machst du denn hier?",
fragt Maya keuchend.

„Zuschauen", entgegnet Jan.

„Tipps wollt ihr ja nicht!"

„Die würden auch nichts nützen",
meint Jakob.

„Sei dir da nicht so sicher", sagt Jan.

Die Fußballer ziehen lachend ab.
Die Turbo 5 schweigen betreten.

„Was für Tipps hast du denn?",
fragt Lea in die Stille.
Da legt Jan los.

Schwachen
Fuß umlaufen

Schnell
passen

Besser
freilaufen

Gegner
tunneln

„Woher weißt du das alles?",
fragt Maya erstaunt.
„Ich hab in einem Verein gespielt",
sagt Jan. „Als Torwart!"

„Das ist unsere Rettung", ruft Juri.
„Gehst du ins Tor?
Wir wechseln uns untereinander ab!"

Die Turbo 5 starren gebannt auf Jan.

Der grinst und nickt:

„Los, den Lackaffen zeigen wir's!"

Schon den ersten Schuss hält Jan.

Jakob flucht: „Wartet nur!"

„Auf was denn?", fragt Jan
und schießt den Ball weit nach vorn.
Jakob sprintet hinterher, stolpert –
und landet in einem Ziegenkötel.
„Ich dachte, mit Fußballschuhen
fällt man nicht hin!", ruft Juri.

75

Er nimmt den Ball im Lauf
und spielt eine Flanke vors Tor.
Maya köpft den Ball ins Netz.
„Super", brüllt Jan. „Weiter so!"
Er gibt vom Tor aus Tipps.

Die vier Spieler
geben alles.
Und Jan fliegt im Tor hin und her.

Bald steht es 4:4.
Da ruft Lea vom Rand: „Spiel-Ende!"
Die Turbo 5 fallen sich in die Arme.
Sie lassen Jan hochleben.

„Ab jetzt sind wir die Turbo 6",
meint Juri. „Mit den Tipps von Jan
besiegen wir die Fußballer noch!"

„Das werden wir ja sehen",
sagt Jakob und grinst.
„Für Bolzplatz-Spieler
habt ihr euch aber
echt gut geschlagen ..."

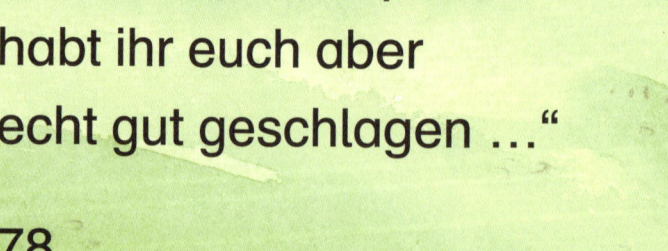

„… und ihr Profis seid doch
ganz schön dreckig geworden",
meint Leon. Alle lachen.

„Los, jetzt sammeln wir
die Ziegenkötel auf",
schlägt Tim vor.
„Sonst können wir morgen nicht
gegeneinander spielen!"

79

Wichtige Wörter beim Fußball

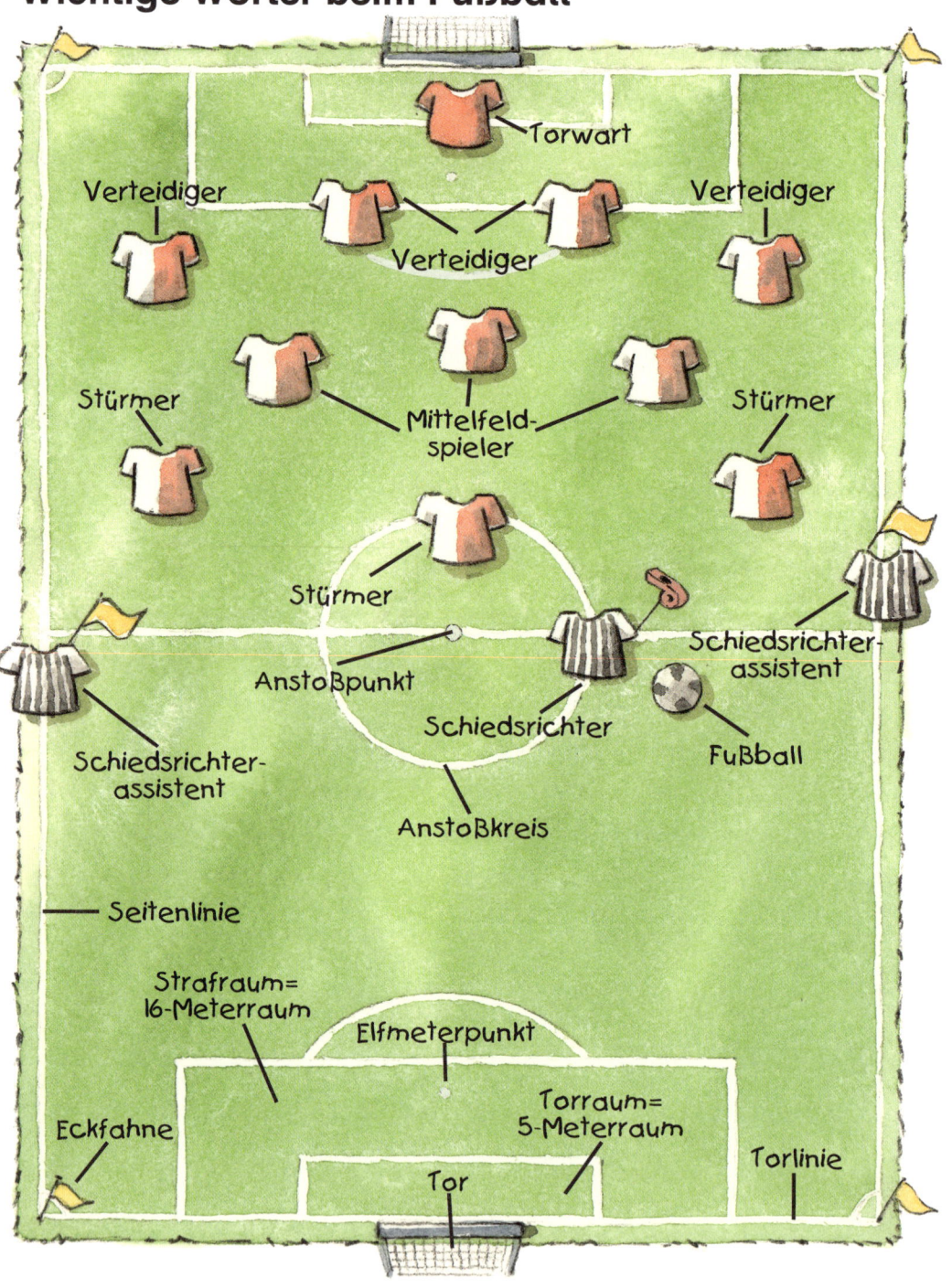

Torwart

Verteidiger

Verteidiger

Verteidiger

Stürmer

Mittelfeld-spieler

Stürmer

Stürmer

Anstoßpunkt

Schiedsrichter-assistent

Schiedsrichter

Fußball

Schiedsrichter-assistent

Anstoßkreis

Seitenlinie

Strafraum=16-Meterraum

Elfmeterpunkt

Torraum=5-Meterraum

Eckfahne

Tor

Torlinie

Abwehr	Spieler, die die Angriffe des Gegners abwehren (= Verteidiger).
Angriff	Spieler, die vor dem gegnerischen Tor spielen und Tore schießen sollen (= Stürmer).
Anstoß	Anspiel des Balls bei Spielbeginn, nach einem Tor oder nach der Pause.
Dribbeln	Den Ball nah am Fuß durch kurze Stöße vorantreiben.
Elfmeter	Strafstoß nach einem Regelverstoß im Strafraum.
Flanke	Flugball von der Seite des Spielfelds.
Foul	Regelwidriges Verhalten, das mit Frei- bzw. Strafstoß (= Elfmeter) und/oder gelber bzw. roter Karte bestraft wird.
Freistoß	Anspiel des Balls nach einem Regelverstoß.
Gelbe Karte	Verwarnung bei Regelverstößen.
Halbzeit	Ein Spiel besteht aus zwei Halbzeiten von je 45 Minuten mit einer Halbzeitpause dazwischen.
Pass	Den Ball einem Mitspieler gezielt zuspielen.
Rote Karte	Platzverweis bei schwerem Regelverstoß oder wenn ein Spieler bereits eine gelbe Karte hatte. Sie zieht eine Spielsperre nach sich.

Ich danke Tim Wünnemann,
Martina Schrey und Mike Klein
für ihre fachliche Beratung.

Claudia Ondracek

Die Bolzplatz-Bande lässt nicht locker!

Mit Bildern von Leopé

Schwarz auf weiß!

Mitten auf dem Bolzplatz
steht ein Schild.
Darauf ist zu lesen:

Hier entsteht

s Einkaufszentrum

Juri, Jan, Lea, Leon, Maya und Max
von der Bolzplatz-Bande
können es nicht fassen.

„Sind die total bekloppt?",
schimpft Maya.
„Das ist unser Bolzplatz."

„Genau", stimmt Lea ihr zu.
„Hier spielen wir jeden Tag.
Den können sie uns
nicht einfach wegnehmen."

„Schon gar nicht für
so ein doofes Einkaufszentrum",
sagt Jan wütend.
„Wo sollen wir denn dann hin?"

„Na, in den Fußballklub",
murmelt Max frustriert.
Juri springt auf.
„Das will ich aber nicht!"
„Wir auch nicht!", rufen die anderen.
„Aber was tun wir dagegen?",
fragt Leon und schaut in die Runde.

Der Plan

Am nächsten Tag betreten die Turbo 6
mit Herzklopfen die Schule.
Was wird der Rektor
zu ihrem Plan sagen?

„Ihr wollt also schulfrei haben,
weil ihr ein Turnier
auf dem Bolzplatz machen wollt?",
fragt der Rektor.

„Genau", erwidert Jan.
„Als Protestaktion.
Denn der Bolzplatz
soll Bolzplatz bleiben!"

„Und weil Bauarbeiter immer früh
zu arbeiten anfangen,
muss das Fußball-Turnier
auch gleich morgens beginnen",
erklärt Maya.

„Eine abenteuerliche Idee",
sagt der Rektor und lacht.
„Und wer soll da mitspielen?
Die anderen Kinder sind
doch alle in der Schule."

Die sechs zucken mit den Schultern.
Daran haben sie nicht gedacht.

„Eigentlich könnten ja
alle Schüler und Lehrer
mal wieder frische Luft vertragen.
Wärt ihr einverstanden,
wenn die ganze Schule mitmacht?"
Die Turbo 6 starren den Rektor an.
Damit haben sie nicht gerechnet.
„Klar, danke!", rufen sie begeistert.

Alle Hände voll zu tun

Jetzt heißt es für die Bolzer:
Blitzschnell das Turnier vorbereiten.
Aber wo anfangen, wenn man
so etwas noch nie gemacht hat?
„Kommt, wir fragen die Spieler
vom Friedenauer Fußballklub",
schlägt Lea vor und ruft Tim an.

Sie treffen sich im Fußballklub.
„Wir sind mit dabei", sagt Tim sofort.
„Pro Mannschaft brauchen wir
sieben Spieler und zwei Ersatzspieler.
Das reicht für so ein Turnier!
Wie viele Leute haben wir?"

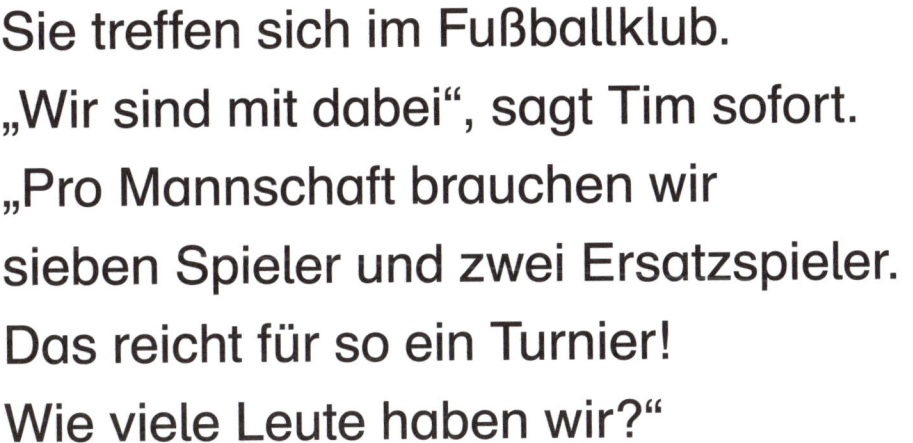

Die Bolzer zählen die Namen
auf der Liste, die ihnen
der Rektor gegeben hat.

„Das sind 16 Mannschaften", sagt Jakob.
„Sollen wir euch mit Spielern aushelfen?"

Juri winkt ab.
„Kein Problem, aus unserer Klasse
spielen Marta, Tom und Felix mit.
Das kriegen wir schon hin!"

„Am besten spielt ihr
nach dem K.-o.-System",
sagt Herr Kelly,
der Trainer der Friedenauer.
„Da kommen nur die Sieger
in die nächste Spielrunde.
Die Verlierer scheiden aus.
Das geht schneller!"

Die Turbo 6 nicken.

„Wir brauchen noch
einen Schiedsrichter", fällt Max ein.

„Können Sie das nicht machen?"
Herr Kelly lacht.

„Okay, aber nur, wenn die Spiele
nicht länger als 12 Minuten dauern.
Sonst halte ich das nicht durch!"

Der große Tag

Am Turniertag ist schon früh
die Hölle los: 16 Mannschaften
tummeln sich auf dem Bolzplatz.
Massen an Zuschauern
drängeln sich um den Zaun.

Und die Presse ist auch da,
um von der Aktion zu berichten.
Die hat Herr Kelly informiert.

97

Als die Bagger anrollen,
versperren Schüler und Lehrer
den Zugang zum Platz und brüllen:
„Der Bolzplatz soll Bolzplatz bleiben!"
Gegen so einen Protest haben
die Bauarbeiter keine Chance.
Sie stellen murrend die Bagger ab
und geben dem Bauherrn Bescheid.

Da ertönt der Anpfiff fürs erste Spiel.
Die Bauarbeiter spähen neugierig
über die Köpfe der Zuschauer hinweg.
„Kommen Sie doch mit vor",
lädt der Rektor die Bauarbeiter ein.
Die mischen sich zögernd
unter die Leute.

Dann ist die Bolzplatzbande dran.
Sie gehen das Spiel ruhig an,
damit Marta sich einspielen kann.

Aber die andere Mannschaft
macht ganz schön Tempo und
luchst ihnen den Ball oft ab.

Doch dann stoppt Leon
einen Pass des Gegners
mit der Brust.

Geschickt umläuft er die Gegner.
Er sieht Marta frei stehen und passt.

Marta nimmt den Ball mit links
und schießt … Tor!

„Genialer Linksfuß!", ruft Juri
Marta anerkennend zu.

Da schießt ein Gegner
eine lange Flanke vors Tor der Bolzer.
„Aufgepasst!", brüllt Max
und sprintet los.

Aber Jan hechtet schon aus dem Tor –
und begräbt den Ball unter sich.

„Wo war die Verteidigung?",
faucht Jan seine Mannschaft an.
Da pfeift Herr Kelly ab.

„Beruhige dich", sagt Lea.
„1:0 für uns – wir sind
in der nächsten Runde!"

„Das war knapp", meint Tim
von den Friedenauern,
als die Turbo 6 vom Platz kommen.

„Gewonnen ist gewonnen", grinst Maya.
„Das müsst ihr erst noch schaffen!"

Doch als Profis haben
die Friedenauer keine Probleme.
Sie machen ihre Spiele mit links.

„Strengt euch bloß an!",
ruft Jakob den Bolzern zu.
„Wir wollen gegen euch antreten –
und zwar im Finale!"
„Das werdet ihr", erwidert Leon.

Sieg auf der ganzen Linie

Und wirklich – mittags steht fest:
Die Bolzer ziehen
mit den Friedenauern ins Finale ein.
„Na dann los …", sagt Herr Kelly
und legt den Ball auf den Anstoßpunkt.

Plötzlich röhren die Bagger.
Lea hält mitten im Schuss inne.
„Fangen die jetzt doch an
zu baggern?", fragt sie erschrocken.

„Nein!", brüllt der Rektor vom Rand.
„Das waren die Fanfaren fürs Finale!"
Die Zuschauer grölen begeistert.

Da legen die Spieler los.
Sie jagen dem Ball hinterher,
kämpfen mit allen Tricks
und nutzen jede Chance vor dem Tor.

Doch beim Abpfiff steht es 1:1.
Unentschieden!

„5 Minuten Verlängerung!",
ruft Herr Kelly und pfeift an.

Felix von den Bolzern stößt an.
Da steht plötzlich Jakob
wie aus dem Nichts vor ihm
und fängt den Ball ab.

110

Jakob sprintet los,
hängt seine Verfolger ab,
zielt – und Tor!

Doch Maya startet gleich
nach dem Anstoß den Gegenangriff.
Sie passt zu Leon in den Mittelraum.

Leon schlägt einen Haken um Tim
und stürmt wie ein Pfeil nach vorn.

Juri steht vor dem Tor.
Leon hebt den Ball nach vorn.
Juri steigt hoch – und köpft.

Der Friedenauer Torwart springt …

… aber der Ball fliegt ins Netz. 2 : 2!

Ein Pfiff ertönt – Spielende!

„Es bleibt beim Unentschieden!",
ruft Herr Kelly.

„Wir haben also zwei Turniersieger!"
Die Fußballer jubeln.

„Liebe Fußballfreunde",
ertönt da plötzlich eine Stimme.
Alle starren zu dem Mann
mit Krawatte und Megafon.
„Ich bin Herr Breuer, der Bauherr
des geplanten Einkaufzentrums."
Buh-Rufe und Pfiffe erschallen.
Herr Breuer räuspert sich.

„Ich bin beeindruckt, was man hier
auf die Beine gestellt hat.
Ich werde das Einkaufszentrum
deshalb an einem anderen Ort bauen.
Der Bolzplatz muss Bolzplatz bleiben!"

Was Herr Breuer noch sagt,
geht in lautem Jubel unter:
Alle klatschen und grölen –
und lassen die Turbo 6 hochleben.
„Wer hätte gedacht,
dass ihr sechs das schafft!",
sagt Marta und grinst.

116

„Du meinst wohl, wir sieben!",
ruft Juri und fällt Marta in die Arme.
„Willkommen in der Turbo 7!"
Und dann drehen die beiden Sieger
unter dem Jubel der Zuschauer
noch eine Ehrenrunde
um den Bolzplatz!

Wichtige Spielregeln beim Fußball

Abseits
Ein angreifender Spieler ist im Abseits, wenn er beim Pass eines Mannschaftskollegen der Torlinie des Gegners näher ist als der Ball und der vorletzte Abwehrspieler. Als Regelverstoß gilt die Abseitsstellung des Spielers nur, wenn er aktiv am Spielgeschehen teilnimmt.

Abstoß
Anspiel des Balles aus dem eignen Torraum (meist durch den Torwart), wenn der Ball durch einen Angreifer der gegnerischen Mannschaft über die Torlinie geschossen wird.

Eckstoß
Anspiel des Balles durch die angreifende Mannschaft von der Ecke aus. Zum Eckball kommt es, wenn der Ball durch einen Abwehrspieler über die eigene Torlinie gespielt wird.

Einwurf

Wenn der Ball über eine Seitenlinie des Spielfeldes rollt, darf die Mannschaft, die den Ball zuletzt nicht berührt hat, den Ball an dieser Stelle zurück ins Spielfeld werfen.

Handspiel

Der Ball wird von einem Spieler absichtlich mit Armen und Händen gespielt. Handspiel gilt als Regelverstoß.

Regelverstoß

Verstößt ein Spieler gegen die Spielregeln durch ein Foul (wie z. B. hartes Anrempeln, Beleidigen, Stoßen etc.), Handspiel oder Abseits, wird das Spiel durch den Schiedsrichter unterbrochen. Der Regelverstoß wird mit Freistoß oder Strafstoß und/oder Gelber oder Roter Karte bestraft.

Schiedsrichter

Er sorgt dafür, dass die Spielregeln eingehalten werden und unterbricht bei einem Regelverstoß sofort das Spiel. Seinen Entscheidungen darf nicht widersprochen werden.

Leserabe Leserätsel

Rätsel 1

Fußballgeschichten

Welches Wort stimmt? Kreuze an!

Emil hat krumme
- ○ Birnen.
- ○ Beine.
- ○ Bananen.

Feno Meno ist
- ○ unsichtbar.
- ○ unsicher.
- ○ ulkig.

Finn, Paula und Emil spielen
Fußball mit einem
- ○ Taler.
- ○ Tannenzapfen.
- ○ Tablett.

Rätsel 2

Die Bolzplatz-Bande

Findest du die richtige Seite? Trage die Zahl ein!

Auf Seite ____ steht ein Mal **Schulhof**.

Auf Seite ____ steht ein Mal **Fußballclub**.

Auf Seite ____ steht ein Mal **Gegenangriff**.

Die Bolzplatzbande lässt nicht locker!

Fülle die Kästchen aus!
Schreibe Großbuchstaben:

Die Bolzplatz-Bande lässt nicht locker!

Fülle die Lücken aus. Trage die Buchstaben in die richtigen Kästchen ein. So findest du das Lösungswort für die Rabenpost heraus!

Mitten auf dem Bolzplatz steht ein

| S | | | | 4 | |

. (Seite 84)

Die Bolzplatz-Bande plant ein

| | 2 | R | | E | |

. (Seite 88)

Im Finale spielt die Bolzplatz-Bande gegen die

| 1 | R | | D | | | U | | |

.
(Seite 107)

Das neue Mitglied der Turbo 7 heißt

| | 3 | | | |

. (Seite 117)

Lösungswort:

| 1 | 2 | ß | B | 3 | 4 | L |

Rabenpost

Herzlichen Glückwunsch!

Du hast das ganze Buch geschafft und
die Rätsel gelöst, super!!!

Jetzt ist es Zeit für die Rabenpost.
Wenn du das Lösungswort herausgefunden hast,
kannst du tolle Preise gewinnen!

Gib es auf der  Website ein

▶ www.leserabe.de,

mail es uns ▶ leserabe@ravensburger.de

oder schick es mit der Post.

Lösungswort:

An
den LESERABEN
RABENPOST
Postfach 2007
88190 Ravensburg
Deutschland

Ravensburger Bücher

Lesen lernen mit Spaß!
In drei Stufen vom Lesestarter zum Überflieger

ISBN 978-3-473-**36531**-9

ISBN 978-3-473-**36547**-0

ISBN 978-3-473-**36548**-7

1. Lese-stufe

ISBN 978-3-473-**36534**-0

ISBN 978-3-473-**36552**-4

ISBN 978-3-473-**36550**-0

2. Lese-stufe

ISBN 978-3-473-**36480**-0

ISBN 978-3-473-**36509**-8

ISBN 978-3-473-**36536**-4

3. Lese-stufe

www.leserabe.de

Ravensburger Bücher

Leserabe
Lies dich fit!

1. Lese-stufe

ISBN 978-3-473-**36520**-3   ISBN 978-3-473-**36521**-0   ISBN 978-3-473-**36538**-8   ISBN 978-3-473-**36537**-1

2. Lese-stufe

ISBN 978-3-473-**36523**-4   ISBN 978-3-473-**36522**-7   ISBN 978-3-473-**36539**-5   ISBN 978-3-473-**36540**-1

www.leserabe.de

Tägliches Lesetraining mit Stickerspaß

Ravensburger

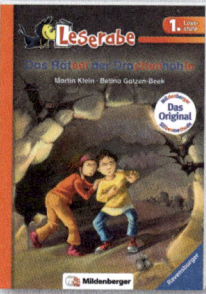